小さなメーカーが
生き残る
経営術

独自市場のつくり方

村松 勝・吉田隆太 著

セルバ出版

はじめに

本書は、小さなメーカーの経営者向けに書いた本である。

タイトルにあるように、「生き残る」と言っても、ただ漫然と経営していて、生き残れないことは、どんな経営者だってわかっている。

それではいったいどのようにして「生き残る」経営をしていくのか、その1つの解が、「独自市場をつくる」ということだ。

企業独自の攻めるべき市場を新しく創り出す、または、現在攻めている市場の中でも、独特の立ち位置を創り出すことで、競合とは違った差別化を図る。

その結果、「独自市場をつくる」ことになる。

このように伝えると、「うちには必要ない」とか「いや、うちには無理」と最初から拒絶してしまう方もいるかもしれない。

しかし考えてみてほしい。年々売上が下がったり、収益力が落ちてきているのだとしたら、それは残念ながら、競合と同質化された市場の中で戦っているに違いない。そしてさらに言えば、顧客が求めているものに応えることができていないのかもしれない。

もしかしたら、あなたの同業他社の中には、売上の大きさにかかわらず、収益力の高い会社があるだろう。その理由は何かを考えたことがあるだろうか。

その答えの多くが、商品だったり、サービスだったり、技術だったり、それが他社にはない独自の価値を提供できているからである。

そして、その独自の価値を提供できているがゆえに、自社独自の市場を形成できているとも言える。

しかし、このように伝えても、「そもそも独自の価値なんてものがあったら苦労していない」という声が聞こえてくる。

ただ私からすれば、多くの企業の経営者が、日々の仕事や、やるべきことに追い回され、改めて、自社独自の価値を見出そうしていなかったり、見過ごしていたりする場合が非常に多いと感じる。

これまで14年間、３００社以上の企業をコンサルティングする中で、まさに、この見出されていない、または見過ごされてしまっている価値に、気づくことが多い。そして、それが本来は磨けば光る、まさにダイヤモンドの原石なのにもかかわらず、そのことに経営者はあまり気づかずにいる。

その原石を見出すプロセスを通して、改めて経営者は、自社の価値を知らされるのだが、その価値を見出しても、経営者自身はあまり驚かないことが多い。

その理由は、その見出された価値というものが、昔から取り組んできたことや当たり前に行ってきたことのためで、そのことに特段驚きもしなければ、それほど価値があるものなのか、と不思議に思う方もいる。

コンサルティングといえば、自社の、もっと目新しい価値に出会えると期待して受ける方も多い。そのためか、足元に転がっている原石に気づかせても、彼らにとって当たり前過ぎることに、「なんだ、そんなことは知っているよ」と言わんばかりに、つまらないという顔をする方も中にはいる。

しかし実は、自社の価値というものは、日常的に当たり前のように行っていること、特別だと思っていないことに潜んでいる場合がある。それを見つけるためには、自社を客観視して眺めないといけないのだが、それができている経営者に出会うことはめったにない。

さて、本書は、約120ページ足らずのボリュームである。一般的なビジネス書は200ページぐらいのものが多いが、本書のように120ページのボリュームにあえてした理由は、忙しい経営者にとって、なるべく短時間で読んでほしいと考えたからである。

そのため、できるだけ前置きを少なくして、中小企業が売上を上げるための重要なポイント、つまり「ザ・エッセンス」を理解してもらえるように工夫して書いている。

またサブタイトルにある、「カテゴリーキラー」とは、「競合他社を圧倒する強い商品・サービス・事業」のことを指している（詳しくは、自著『儲かる10億円ヒット商品をつくる！　カテゴリーキラー戦略（セルバ出版）』にも書いているので、興味があれば合わせて手にとってほしい）。

本書はコンサルティング先の会社の実例に基づいて書いてあるが、クライアントの機密を守るために多少の脚色を行っていることと、また読む方にとっての汎用性を持たせるためにも具体的な商品名などの記載は避けているので、あらかじめご容赦願いたい。

また、内容については、マーケティングに携わる方やコンサルタントなどの専門職の方には、比較的やさしい印象を持たれるかもしれない。

忙しい経営者に向けて、なるべく簡単にわかりやすく、読みやすく、さっと読めるようなものにしようと努めたため、その点についてもご理解いただきたい。

本書の基本的な構成としては、当社がコンサルティングした具体的実例を1つ取り上げ、そのコンサルティングのプロセスをなぞりながら、具体的にどのような指導を、その会社に行っていったのかを描いているのが特徴である。

そのため、理論だけを述べているものでもなければ、ストーリーを創作したものでもない。はたまた体験記のように起こったことをただ書き連ねた本でもない。

できる限り、ロジック（論理）も理解してもらいながら、実例を通して、具体的にイメージできるように工夫している。

もちろん、それでも実際に話し合ったことなどを1つひとつ拾い上げ、すべてのプロセスをお伝えできるわけではないため、もしかしたら論理および展開の飛躍を感じる方や、少々物足りなさを感じる方もいるかもしれない。また、残念ながら、そのすべての内容が誰にでも当てはまるようなものでもない。


しかし可能であれば、あなたの会社にも当てはめてみて、想像しながら読み進めていくと、より多くの気づきを得ていただけるのではないかと思う。

そして、多くの気づきを得て何か行動し、結果につながることを願っているが、何か1つでも気づきを得られれば、儲けものだと思っていただきたい。また、その気づきに基づいて何か1つでも行動していただければなおさら嬉しい。


以前のことだが、私が『儲かる10億円ヒット商品をつくる！　カテゴリーキラー戦略（セルバ出版）』を書いたあと、それを読んだある経営者に、このように言われた。

「先生、あの本を読んで実行したら、本当に売上が上がりましたよ！」

そんな感想こそ、著者冥利に尽きる。
いくつかの書籍を書いているので、それらも必要に応じて読んでいただきたい。
まずは、本書が少しでもお役に立てればと願うばかりである。

村松 勝
吉田 隆太

2021年5月

小さなメーカーが生き残る経営術 ―独自市場のつくり方― 目次

はじめに

工場がフル稼働しっぱなし！ 売上を生み出す極意とは？
・会社をたたむ寸前まで追い詰められていた経営者の告白…14
・一口にコンサルティングと言っても、専門性はそれぞれ…16
・「売上を生み出す極意」とは？…20
・経営者の認識が間違う、３つの「ズレ」とは何か？…22
・工場がフル稼働しっぱなし！…24

【ポイント１】あなたが効率を追求すべきことと、手間をかけるべきこととの「ズレ」
・あえて効率を追求しないワケとは…28
・あなたは幸運の女神の「前髪」に気づけるか？…32

・何を「カテゴリーキラー」にするのか、は経営者の大事な選択…36
・「選択と集中」は正しいか？…40
・何を「カテゴリーキラー」にするのか、どのように決めたのか？…43
・狙う市場は大きければ大きいほどよいのか？…46
・改めて、効率を追求すべきことと、手間をかけるべきこととの「ズレ」…49

【ポイント2】あなたが提供していることと、お客さんが望んでいることとの「ズレ」
・経営者が外せない「〇〇〇〇」とは何か…56
・「売り方」の前に「売る物」が大事な理由とは…60
・真のターゲット顧客を意識できているか？…64
・顧客分析のノウハウ…66
・本当のニーズの見つけ方…70
・深掘りした先に見えてきたものとは…73
・あなたが提供していることと、お客さんが望んでいることとの一致を試みよう！…75

【ポイント3】あなたが伝えていることと、お客さんに認識されていることとの「ズレ」
・自ら、売上が上がるチャンスを逃していないか？…80
・「伝える」ために大切な「○」と「○」とは…83
・顧客や買い手と接点になりえる「媒体物」の重要性…87
・あきらめずにやり切る人が、生き残る…92
・とりあえず、やるだけのことはやってみる勇気…95
真のニーズを掘り下げると同時に、城壁を築き、独自の市場をつくれ！
・カテゴリーキラーを1つ、つくれば終わりではない理由とは…102
・なぜ3つ以上をすすめるのか？…106
・磨けば光るダイヤモンドになれ！…109
あとがき

工場がフル稼働しっぱなし！
売上を生み出す極意とは？

会社をたたむ寸前まで追い詰められていた経営者の告白

「実は、このミスターマーケティングさんの指導でも、会社の立て直しができなければ、会社そのものを考え直さなければならないと覚悟を決めて、カテゴリーキラーの指導を受けたんですよ」

当社のコンサルティングの全プログラムを終えた3代目のK社長は、静かにそう語り始めた。

K社は、業務用資材のメーカーとして、東京の下町に、50年もの長きにわたって続いた会社だが、コンサルティングを受ける頃にはすでに瀕死の状態だった。

この会社が提供している業務用資材は超成熟産業で、この業界には2つの巨大企業が君臨し、熾烈な価格競争はどんどん加速していた。そして、その2社以外の中小企業は為すすべもなく、そのほとんどが、あえなく倒産していった。

そんな業界の中にあっても、K社は健闘している部類だったのだが、もはや息の根を止められる寸前まで来ていた。

「私の代で3代目です。社長に2年前に就任して以来、ずっと会社の立て直しを図ってきました。

会社の状況は非常に厳しく、何とか改善のヒントはないものかと、さまざまな研修や勉強会に参加しました。

学ぶことはたくさんありましたが、それをどのように自社の戦略として活用すべきか、そして会社をよみがえらせる決定打を見出すことはできませんでした。

過去には、30名ほどいた社員を半分にしなければならないほど追い詰められ、借り入れしていた資金も先が見えてきたところでした。

今、廃業し、担保として差し出した工場の土地を処分すれば、なんとかトントンで会社をたためるだろう、そんなことを毎日考えていました」

そんな心情があったことを、その社長は、コンサルティングが終わるまで語らなかった。

もしかしたら、コンサルティングがうまくいかなければ、静かに会社をたたもうと思っていたのかもしれない。そして、会社をたたむことを自分以外の誰かのせいにすることをしたくなかったのかもしれない。そう思った。

いずれにせよ、その育ちのよさそうな紳士的な社長は、相当の覚悟を決めて、当社の門をたたいたのだ。そのことをあとから知ると、成果につながったことに、ホッと胸をなで下ろした。

一口にコンサルティングと言っても、専門性はそれぞれ

私は、これまで14年間にわたって300社以上のコンサルティングを行ってきた。
業種はさまざまで、一般消費者向けに商品を開発しているメーカーや、業務用に製品を生産しているメーカーなど、ものづくりの企業を始めとして、一般消費者向けの、小売業や飲食業の他、クリニックや整体院などの店舗業、リフォームや葬

儀業などのサービス業、また法人向けのサービス業としては、ＩＴサービスを提供している会社や、税務・財務などをアドバイスしている会社などを、コンサルティングしてきた。

そのように「多種多様な業種をまたいでコンサルティングをしてきた」と話すと驚かれることも多い。なぜなら、それぞれの業界のことを深く知っているわけではないと見られるからだ。

もともと著者である村松は、大学卒業後、ダイレクトマーケティング専門の大手広告代理店において、さまざまな業界のマーケティングに携わってきたものの、そのそれぞれの業種に精通しているわけではない。

また、もう一人の著者である吉田は、大学は理系に学び、卒業後は営業職についたが、思うところがあって、アメリカのビジネススクールに留学した。帰国後、ある商社に入社し、業務用食品の開発や新規事業の立ち上げなどに携わった。そんなことから吉田にとっても、色々な業界を経験してきたわけではなかった。

それでも、これまでさまざまな業種業界の企業の売上を生み出してきた。

それはなぜか。

その理由を語る前に、中小企業向けに行っているコンサルティングという職種について話したい。

業界それぞれには、コンサルティングを行うプロがいる。その業界を長く経験してきた方が、その知見を活かしてコンサルティングを行う。特に大企業などでの経験をベースに、同じような業界にいる中小企業のレベルを引き上げるための指導を行う方もいる。

例えば、製造や生産現場などでの、ものづくりの効率を追求するノウハウをもってコンサルティングを行うケースがある。大企業で培われてきた生産の手法などは、中小企業においては参考になるノウハウになりえるだろう。

または機能的な部分において、どの企業にも共通する間接部門を主としたコンサルティングも存在する。例えば、人事部門や財務部門などである。それらの分野は業界の種類は基本的に関係なく、コンサルティングを行うことが可能である。

しかし、「売上を上げていく」ということになると、いくら特定の業界に精通していても、もしくは大企業で経験してきたものを中小企業で活かそうとしても、それほど簡単なものではない。大企業と比較すれば、経営資源の豊富さも違えば、知名度も格段に違うからである。

テレビＣＭを打てるほどの予算なんてほとんどない。そもそも、その会社のことが一般的に知られていない環境下で、いったいどのように商品、製品、サービスを生み出し、ターゲットとするお客さんに届けるのか、大企業とはまるで違う環境で戦わないといけない。

一方で、「売上を上げていく」という観点で、業界を絞ってコンサルティングをしている会社もある。そのようなコンサルティング会社は、ベストプラクティスといって、うまくいっている会社のやり方を研究し、その会社が属する業界の、うまくいっていない会社にそのやり方を指導していく。

しかし、よく考えるとわかることだが、同じ業界に絞ってコンサルティングを提供しているということは、そこでコンサルティングを受けた会社すべてが、同じような手法を用いてやり始める。そうなれば早晩、競争だらけになり一向に独自市場なんてつくれるわけがない。いずれ待っているのは、同質化であり、価格競争に他ならない。

よって、前述した弊害を避けつつ、長期的な視点を持って、「売上を上げていく」という観点でコンサルティングを考えていくのであれば、それはその会社ならではの経営資源を前提として、戦略をカスタマイズで組み立てていく他はない。

コピー&ペースト（つまり他社の戦略の複製）でよい戦略がつくれるのであれば、どの企業も、業界で一番の企業の戦略を真似すれば、うまくいくはずである。しかし、そうは簡単に問屋が卸さないのが、企業経営である。皆が皆うまくいっている業界なんていうのはあり得ない。

「売上を生み出す極意」とは？

そんな課題、つまり「売上を上げていく」という観点で、14年間、あらゆる業種業界の300社以上のコンサルティングを行ってきた。おおよそ年商で5000万円～50億円ほどの中小企業が対象である。

そのコンサルティングを当社では、「カテゴリーキラーづくりコンサルティング」と命名し、業界や市場の中で、突出した商品やサービス、事業を生み出すお手伝いをし、おおよそ2年から3年で、2～10億円程度の新しい売上をつくってきた。

さて、いったいなぜ、業種業界関係なくコンサルティングを行い、売上を生み出せるのだろうかというと、理屈は簡単である。

詰まるところ、その会社のお客さんの目線や立場で、その会社を眺める。

それに尽きる。ここに「売上を生み出す極意」が潜む。

受け手（購入してほしいと考える顧客）にとって、その会社が提供している商品やサービス、事業は、欲しいと思えるものなのか、伝わってくるものなのか、私のような第三者の立場が、そう思えないものは売れない。確実に、売れない。

だからできるだけ経営者も、そのような立場や視点で自社を眺めるという訓練をしないと、往々にして、独りよがりの商品開発、独りよがりの販売促進になってしまう。

経営者の認識が間違う、3つの「ズレ」とは何か？

冒頭で紹介したK社も、例外ではなかった。

これまで14年間にわたって、300社以上の中小企業をコンサルティングした中で、どうしても、その会社の認識の「ズレ」を常々感じる。

その「ズレ」は、経営者の中では、ちょっとしたことだったり、気づいていなかったことだったりもする。

しかし、その「ズレ」がいくつも重なると、大きな「ズレ」となり、もはやお客さんには届かない。

まるで、地球から月へ打ち上げられるロケットが、飛び上がる角度がほんの少し違うだけで、辿り着けないように。

本書では、商売の重要なポイントとなる、経営者が知っておかなくてはならない「ズレ」を3つ紹介したい。これだけ改善するだけでも、まったくその結果が違ったものになる。

1つの「ズレ」で、結果が仮に3倍違うとすれば、かけ算で考えると、3倍×3倍×3倍で、なんと27倍もの違いになる。

それだけ大きな違いが出てくるものなのだ。

当社の過去のコンサルティングにおいても、商品の売上が、コンサルティングする前と後とでは、30倍、いや100倍にもなったケースもある。それだけ大きな差を生み出すのが、この「ズレ」であり、認識して改善していくことが重要である。

ではいったいこの「ズレ」とは何か。ズバリ次の3つである。

①あなたが効率を追求すべきことと、手間をかけるべきこととの「ズレ」
②あなたが提供していることと、お客さんが望んでいることとの「ズレ」
③あなたが伝えていることと、お客さんに認識されていることとの「ズレ」

なんだ、そんなことかと思わないでほしい。もしそれらの「ズレ」を認識し改善できていれば、すでにビジネスはうまくいっているだろう。本書を読む必要もない。しかし、この「ズレ」を認識することがなかなか難しい。なぜか。

一言で言えば、売り手にとって、買い手の視点を持つことの難しさがある。どうしても売り手側の思いや論理で、物事を組み立ててしまいがちだからである。

それは、自分の顔を自分で見ることができないように、そして自分の強みや性格を、自分ではなかなかわからないように、自社のことを客観的に理解することは簡単なようで難しい。

工場がフル稼働しっぱなし！

だからこそ、改めて丁寧に自社を眺めてみることである。

この３つの「ズレ」がないか、ご自身で問いかけながら、見つめ直してほしい。

この作業を行うことは、一見面倒で遠回りのように見えるかもしれないが、こと売上を上げていくことに対して実は近道である。


冒頭のK社についても、この３つの「ズレ」を丁寧に調整していった。

そうしたところ、コンサルティング途中にも関わらず、注文が殺到し始めた。

K社長自身が、工場の現場に出なければならないほど、生産が間に合わない状態になった。

工場がまさにフル稼働しっぱなしの状況になってしまったのだ。


この状況に一番驚いたのが、K社長本人だった。

「指導内容を集客に活かした途端に成果が現れました。

新しい視点で、ターゲットにした企業に、自社製品が見事に受け入れられたのです。このスピード感には驚きました」

そして、その勢いは数か月経っても止まらなかった。

注文に対して供給が追いつかず、機械はすべて稼働しっぱなしの状態になったのだ。

そのため、ホームページでも、いったんは注文を休止せざるを得なくなり、お客様を待たせざるを得ない状態になった。


嬉しい悲鳴とはまさにこのことだ。

K社長は、そのあとコンサルティングに現れ、

「数か月間、私自身1日も休暇を取れないほど忙しく、まったく人手が足らない状態になりました」


なぜそれほどまでの状態になったのか。

それは3つの「ズレ」を丁寧に調整したからに他ならない。

いったい、その「ズレ」とは具体的にどういうことなのか。次章から1つずつ見ていこう。

この「ズレ」を知り、改善するだけでも大きな違いを生み出せるはずである。

【ポイント1】

あなたが効率を追求すべきことと、手間をかけるべきこととの「ズレ」

あえて効率を追求しないワケとは

あなたは、商売をすることにおいて、効率的にやろうとすることを好むだろうか、それとも手間がかかることを好むだろうか。

多くの経営者は、効率的にやろうとすることを好む。人や手間や時間が削減できれば、それはコスト削減につながり、利益を生み出す。楽に儲かれば、そんないいことはない。誰だって面倒なことはしたくないし、ましてやコストが余計かかればなおさらだ。

よって、効率を追求することは、会社が取り組むべきこととして間違いというわけではない。しかし手間がかかることが、利益を生み出すと言ったらどうだろうか。その手間のかかることに取り組むべきであろうか。

これには正解はない。取り組む内容にもよるが、それは顧客の環境や競合環境もあるし、会社の想いや姿勢にもよる。

しかし、一度、その手間がかかることに目を向けてみてほしい。もしかしたら、それはお客様にとても喜ばれることであり、かつ競合がなかなか真似できないことかもしれないからだ。

前章の冒頭で紹介した業務用資材メーカーのK社の例を話そう。

K社は、戦後立ち上げられた会社で、日本経済が右肩上がりの時代に乗り、大きく成長してきた。

しかし1980年代に入って、プラザ合意による円高が始まると、同業他社は、工場の海外シフトや、同業との合併を繰り返して巨大化し、その規模の経済によって、コスト競争を始めた。

そして、バブル崩壊がやってきた。需要がしぼむ中で、ますますコスト競争に拍車がかかり、このK社もその競争から逃れられず、時間が経つにつれ、それまで蓄えてきた資産を食いつぶすようになった。

現社長のK氏が社長に就任すると、これまでの業務用資材の販売では、もはや十分な利益が取れずに、つくってもつくっても赤字になってしまうことから、新しい事業を始めた。

それは、これまでの業務用資材の製造ノウハウをベースに、デザインを行う工程を取り入れて、これまでとは違う、新しい業界に攻め込むことだった。


しかし、そこで待っていたのは、新しい業界における、新しい競合だった。

つまり、その事業は、K社にとっては新しい取組みであったものの、すでにある程度、市場ができあがっていた業界で、すでにいくつかの会社が、企画力やデザイン、そしてコストも含めて、しのぎを削っていた難しい市場だった。


それでも、多くの競合会社が、企画力やデザイン力に強みを持ってビジネスを行っていることから、製造ノウハウにおいて一日の長があったK社は、既存の事業で培われたコスト競争力によって、その市場に食い込むことができた。

そして数年間は何とか利益を取ることができた。

しかし、だんだんと新規参入が増えてきた。そして、その事業の顧客は、常に新しい企画力、そしてデザイン力を求めた。K社は、これまでの製造ノウハウによって、同じ資材を比較的安くつくることは得意だったものの、企画力やデザインノウハウにおいては、それらを専門的に行っている会社に比べれば、大した強みというものではなかった。

そうなると、新しい仕事もなかなか取れなくなってきてしまった。

このような経験は、あなたにもないだろうか？　本業が少し厳しくなり、新しい分野への手を出してみたものの、あえなく撃沈してしまった経験を。

その攻めようとした業界が、いかに美味しそうに、そして儲かりそうに見えたとしても、そこには、これまで生き抜いてきた猛者たちがしのぎを削っている。

隣の芝生は青く見える、とはよくいったものだ。新しいトレンド、ニーズの変化に目を光らせている経営者であればあるほど、安易に飛びついてしまい、競合から袋だたきに遭って、ただただ貴重なお金と時間を無駄にする。

新しい分野へ挑戦することが悪いことではない。ただ何の準備もなしに飛び込んでいくことがよくないことなのだ。

あなたは幸運の女神の「前髪」に気づけるか？

その頃、K社に、ある1本の問い合わせがあった。

「色々な会社にあたったが、どこもそれをつくってくれるところがなく、御社ではそれをつくることはできますか？」

その問い合わせを事務スタッフから聞いたK社長は、つくれるとは思ったが、正直、手間がかかるし、1つひとつ手づくりしなければならず、生産効率も悪いため、面倒だと感じた。

だから事務スタッフに、つくれないことはないが、当社では、今、そのようなものを個別に生産していないし、非常に高価なものになってしまうので断るように、という指示を出して折り返し連絡させた。

そうしたら、そのお客さんは、次のように答えた。

「いくらでもよいからつくってほしい。もちろん見積もりを出してほしいが、その金額が驚くほどでなければ、つくってもらえませんか？」

そこでK社長は、断ってもらうつもりで、通常の資材の何倍もするような価格で見積もりをつくって、聞いていた番号へＦＡＸをした。

これだけ高ければ注文は来ないだろう。そう思った矢先に、電話が来た。

「ありがとうございました。この金額でお願いします！」

はぁっ？　本当にこの金額でやるの？

しかし、見積もりを出してしまった以上は、つくらざるを得なかった。覚悟を決めて製造に取りかかった。それをつくるには、長年使用してこなかった古い機械と、ちょっとした熟練技が必要だった。しかし何人かの年配の社員が、そのやり方を覚えていて、注文通りにつくってくれた。

それから数日後、できあがった資材を持って、社長自ら、そのお客さんの会社へ訪問した。お客さんが、その資材を確認したところ、思っていた以上のものができあがったことに満足した。

「このたびは、ありがとうございました。

こういうものをつくってくれるところがないか、色々とあたってみたのですが、どこもできないと断られてしまいまして……。大変助かりました。本当にありがとうございました！」

と大層な感謝の言葉を言われた。

K社長も、「これは手間はかかるんだけど、それほど難しいものでもないんだけどなぁ……。これほど喜ばれるとは」と驚いて帰ってきた。

しかし、そのあと、そのような同じ問い合わせがあるわけでもなく、時間が経つにつれ、社長も忘れてしまった。

依然、事業は厳しく、どうしようかと考えあぐねていたときに、知り合いの経営者からあるセミナーをすすめられた。

これまで参加してきた銀行や自治体、民間企業が主催する研修や勉強会にいくつも参加してきたが、いずれも期待外れの内容ばかりだった。

言われたことを実践してみるものの、なかなか売上などの成果に結びつくこともなかった。

そして、このすすめられたセミナーについても、正直あまり期待をしていなかった。「なんでもいいから、とりあえず何かヒントがあれば……」と思って参加してみた。

しかし、よい意味で期待を裏切られた。

「これまで自分が触れてきた研修や勉強会でのマーケティングや書籍を通じた学びは、とても難しく感じられたのに、この講師が話す内容は、とてもシンプルでわかりやすかった。

ものごとの全体と本質をとらえて、やるべきことと、その順番をわかりやすい言葉で解説をしてくれた」

そしてK社長はこう思った。

「この講師の言うカテゴリーキラー戦略を取り入れたら、会社がよい方向に変わるかもしれない」

これが私との出会いである。

何を「カテゴリーキラー」にするのか、は経営者の大事な選択

コンサルティングがスタートすると、まずやることは、事業の内容をはじめ、今取り組んでいること、現在の課題などを把握していく。もちろん、コンサルティングで取り組みたいテーマも決めていく。

テーマは、あらかじめ決めて取り組む場合もあれば、進めながら決めていく場合もある。いずれの場合も、我々に依頼する場合は、その会社にとっての強い商品、サービス、事業づくりを主眼として、これからの新しい売上をつくっていくことを目的とする。つまり「カテゴリーキラー」をつくっていくことである。

製造業の場合、商品や製品を「カテゴリーキラー」化していく。サービス業の場合は、サービスの「カテゴリーキラー」をつくっていく。また、事業そのものを「カテゴリーキラー」化していくこともある。改めて「カテゴリーキラー」とは、「競合他社を圧倒する強い商品・サービス・事業」のことを指している。

いずれの場合でも、何を「カテゴリーキラー」にするのか、ということは、大事な選択となる。ある会社のコンサルティングで、商品そのものを「カテゴリーキラー」にしていきたいという希望のもとでスタートした。

しかし、ある程度進めたところで、商品よりも、むしろ手がけている事業そのものを「カテゴリーキラー」とすることのほうが、長期的な収益に貢献しやすいと考えて変更したこともある。

この業務用資材メーカーK社の場合は、何をテーマとするかにとても悩んだ。

まずは、その候補を挙げていった。

１つ目は、これまで長らく行ってきた、業務用資材の製造と販売の事業である。

２つ目は、企画力とデザイン力を必要とする業務用資材の開発を行う事業である。

そして、３つ目の候補として、以前問い合わせのあった、たいそう手間のかかった、あの特殊な業務用資材の製造と販売事業であった。

このように書くと、これまでの経緯から読者は何をテーマにするのか、ある程度容易に想像できるであろう。しかしこれが当事者となると、非常に難しい選択になる。

1つ目の事業は、効率のよさでいえば群を抜く。手間もかからず、定型品をつくればよい。そして、長らくこのビジネスを行ってきたこともあるため、思い入れもある。しかし、価格競争が激しく、もはや黒字は望めない。

製造業の場合は、工場を回すために赤字製品であってもつくり続けることがある。それはいくつかの複合的な製品を持ち、収益の高い製品がある一方で、顧客からのニーズによっては、赤字製品も販売し続けなければならない。

そのため赤字製品だからといって、簡単に切り捨てることができないような付き合いもあったりする。

しかし、少なくとも事業全体で見た場合には、黒字であることが大前提であり、K社の場合は、すでに1つ目の事業が赤字になっていた。

2つ目はどうか。これも競争が激しくなってきた、と書いた。K社長は、この事業を、自分が始めたということもあり、大変思い入れのある事業だった。そして一時は、収益を生み出していた。

今現在、競争が厳しくなり、仕事が取れなくなってきているものの、ある程度、課題は見えている。それは、企画力とデザイン力を身につけることである。それらが備われば、鬼に金棒で、コスト競争力に加えて、事業としての競争力を持つことができる、そう見ていた。

Ｋ社長は、この２つ目の事業と、３つ目の事業（手間のかかる特殊な業務用資材の製造と販売）の、どちらをテーマにするか非常に悩んだ。

もしかしたら読者の中には、どちらも取り組めばよいのではないか、と考える方もいるかもしれない。

しかし多くの中小企業の場合、いくつもの事業をそれぞれ同時に強化できるほど、マンパワーや経営資源が豊富にあるわけではない。

社員が多くいても、やはり事業を１つ任せられるほどの人材はそう多くはない。やはり経営者が付いていないと、どんな事業も成功に導けない。これが大企業と中小企業の差でもある。

そのため、ある一定期間は1つの事業に集中する時期がないと、その事業が飛び立てるところまでいかない。飛び立った後、その事業を現場で回していくことは社員にも任せることができるため、そのときになれば、経営者が現場を離れることもできるようになる。

「選択と集中」は正しいか？

ところで、経営者なら一度は、「選択と集中」という言葉を聞いたことがあるだろう。この言葉は、コロナになる前となった後で、そのよし悪しが論じられている。

コロナになる前は、大企業であっても、「選択と集中」が重要視された。例えば、日立という会社は、「選択と集中」の名の下に、多くのグループ会社が、たとえ優良企業であっても、売却されていった。

しかし、コロナの後は、1つの事業に集中しすぎることによるリスクが顕在化されたことで、やはり企業はリスク分散のために、複数の事業を持つことがよしとされる。例えば、飲食業やそこへ業務用食材を卸す取引会社は、単一事業によって、大きく痛手を被った。

もちろん、その会社が置かれている業界や環境、自社の状況によって、一概に論じることはできないことは重々承知である。

しかし、この「選択と集中」という言葉は、私はなお有効であると考える。

その理由は、中小企業には、資源が限られているからだ。人材も限られていれば、資金も当然限られており、そう多くの事業を同時多発的に手がけることは難しいからだ。

ただ、このようなコロナなどの危機が押し寄せると、そんなことも言っていられないだろう。やはり中小企業であっても、複数の事業を持っていないと、一気に経営が傾いてしまいかねない。

その解は何かというと、時間軸で考えるということだ。どういうことかというと、まずは本業を強化することに集中する。ある程度の余力、それは現場を任せられる人材や資金ができたら、次の新しい事業を立ち上げる。正確に時間を何年と区切ることはできないが、概ね3~5年ぐらいのスパンで考えていく。そして複層的に、事業を積み上げていく。

時間はかかるが、中長期的に描いていくことがポイントだ。

当社のクライアントの、ある食品メーカーも、このコロナで業務用食材の需要が一気に蒸発してしまった。

しかし、何年も前から家庭向けの食材販売について、マーケティング強化の準備をしてきた。そして、この業務用食材の売上のマイナス分を、この家庭向けの食材の販売で十分に補うことができた。

そして、この食品メーカーの経営者が凄いところは、このコロナ禍で、次の新しい事業に数億円をかけて投資し、5年後、10年後に向けて、新しい収益の柱づくりに余念がないことである。

何を「カテゴリーキラー」にするのか、どのように決めたのか？

さて、話をK社に戻そう。みなさんなら、2つ目の事業にするか、3つ目の事業かをどのように決めるだろうか。こういうことは、コンサルティングの現場でよくあることだ。

しかし、簡単ではないことが多い。

なぜなら経営者は思い入れもあるし、思い込みもあるからだ。

そしてもう1つ、これもあながち無視できないのが経営者の直感である。長らく苦難を乗り越えてきた経営者は、この直感力が宿っている。危険を察知する能力や、お金のにおいをかぎ分ける能力である。

今回のK社の場合は、どうだったのであろう。実は、このK社長は、かなり性格的にフラットな方だった。思い入れがあるとかないとかではなく、論理的に理解できれば、その結論に従う。そのような柔軟性を兼ね備えていた。

この2つ目の事業の場合、企画力とデザイン力を必要とした。これまで企画力としては、K社長が企画を考え、デザインは、外部のデザイナーに外注していた。K社長は企画を考えること自体は決して嫌いではなかったものの、それらを専門としている会社のレベルと比較すると、顧客視点で見た際には劣っていた。

そして、デザイン力はどうかといえば、外注するデザイナーの腕はある程度、信用できたのだが、クオリティー以前にスピード感がなかった。外注のデザイナーはさまざまな仕事を抱えており、K社専業ではなかった。2つ目の事業の顧客は、スピード感のある提案を求めた。

このように考えていくと、今から企画力とデザイン力を身につけて、競合に対して伍して戦うことは、資金的な時間軸の上でも極めて厳しいことは想像できた。

そうなると、消去法として残るは3つ目の事業、つまり手間のかかる特殊な業務用資材の製造と販売事業だった。

しかし、この決断にはK社長も躊躇した。消去法でこれしかないと思うしかないものの、たまたま過去に1件、問い合わせがあっただけで、その市場があるのかどうか、その時点ではわからなかったからだ。

市場があるかどうかわからないところに進出するときは、2つのことを行うしかない。1つは、仮説としての戦略をつくって、論理的に成功の可能性を高めてからスタートする。もう1つは、とりあえずテスト的に小さくスタートして、ある程度やってみてから答えを出す。

その両方を踏まえて進めるのが正しいことなのだが、一番愚かなことは、仮説もよく検証せずに、思い込みで大きくスタートしてしまうことである。大きくスタートするということは、その会社の体力からして、大きな金額を始めから投資してしまうということである。

幸運なことに、この3つ目の事業は、1件の問い合わせから、少なからずニーズはあるということ、そして、実際に売上が上がったことについて、そのテストに合格している、と考えることはできる。市場がどれだけあるか、ということについては、まだわかっていないものの、可能性はある。

このことがわかって進めるのと、わからないで進めるのとでは、大きな違いである。少なくとも、よりどころとなる仮説があるということは大きな一歩である。

狙う市場は大きければ大きいほどよいのか？

ところで、市場の大きさについて、ここで1つ述べておきたい。

市場が大きければ大きいほどよいということではない。大きければ大きいほど、競合も参入したくなる魅力的な市場ということになる。早晩、競争が激化する。

一方で、小さい市場でも、十分に自社が食べていけるサイズであればよい。今の売上からして、ある程度の新しい売上が見込めるだけの市場のサイズがあれば、進出すべきである。その市場のサイズに、大企業は参入してこない。大企業は、自社の多くの社員を食べさせるために、ある程度、大きいサイズの市場がなければ進出することができないのだ。

ここに中小企業の生きる道がある。

もちろん、会社を大きくしていくためには、それなりの規模がある市場へ進出しなければならない可能性はあるものの、まずは小さくてもよいので、そこに独自の市場をつくり出し、しっかりと利益を出すことによって資金を蓄え、それから大きな市場に戦いに行っても遅くはないはずだ。

さて、2つ目の事業においては、今から新たに身につけていかなければいけないこととして、企画力とデザイン力が必要だった。一方で3つ目の事業においては、今から新たに身につけなければならない何かはあるだろうか。

ここで、問い合わせのあった件を思い出してほしい。その特殊な業務用資材の製造に必要だったものは、長年使用してこなかった古い機械と、ちょっとした熟練技だった。熟練技については、何人かの年配の社員が、やり方を覚えていた。

ところで、その古い機械は、工場ではもう使われなくなってしまった遺物だった。その業界では、新しい設備によって、生産をできるだけ自動化し、その資材を効率的に生み出すことで、1個あたりの製品単価を下げていくことが競争上の優位性を保つ上で重要だった。

しかし、それは常に新たな設備投資を必要とした。体力がない中小企業は、その設備投資が重荷となった。ただその投資をしなければ競争にはついていけない。そんなジレンマに陥った。大企業との体力勝負となれば、その勝敗は歴然だった。

その古い機械は、まだ生産が自動化される前時代的なものだった。それでも購入した当時はその機械が最先端だったのだが、今の設備とは違い、人の手を介さなければ資材をつくることができず、手間も時間もかかる。効率性とは真逆の代物となっていた。

そして、そんな遺物をまだ大切に保管していた会社は、大手も含めて、もはやほとんどなかった。

時代に必要とされない代物は、どんどん消えていった。その機械をつくっていたメーカーも、もはやつくっていない。遺物は、もう簡単に手に入らない。

また熟練技が必要と書いたが、そんな熟練技を持った、いわゆる熟練工も業界には少なくなっていた。今や人間がコンピュータに指示を出し、機械があとは勝手に製造してくれる。そういう時代だ。

その古い機械の唯一のよい点は、1つひとつカスタマイズした資材をつくることができることだった。

新しい機械では、同じものを短時間で大量につくることができるものの、むしろ、古い機械でできることを、新しい機械ではできなかった。

そこに勝機があると考えた。ニーズはある。そして、何よりも企画力やデザイン力のように、今から身につけなければいけないものではなく、すでに自社内でできることが揃っていた。それは、もう手に入らない古い機械と、それを動かす熟練技だ。

そうしてK社長は、３つ目の事業を「カテゴリーキラー」にしようと決心した。

改めて、効率を追求すべきことと、手間をかけるべきこととの「ズレ」

さて、ここまでお読みいただくと、勘のよい読者ならもうお気づきであろう。

この章のタイトルは、「あなたが効率を追求すべきことと、手間をかけるべきこととの『ズレ』」である。

本章の冒頭にも書いたことなのだが、多くの経営者は、商売を効率的にやろうとすることを好む。それは、人や手間や時間を削減し、かかっているコストが下がることで、利益を生み出すことにつながると考えるからだ。

誰だって面倒でコストがかかるようなことはしたくないだろう。

ただ、「手間がかかることが、実は、利益を生み出す源泉になるのだ」と気づけたら、どうだろう。そして、それは競合が参入しづらく、やりたくてもやれなかったりすることだったら、どうだろうか。あなただったら、それに取り組もうとするだろうか。

ここで1つ誤解がないように確認しておきたい。

お客様にとって効率的になることは、むしろよい。例えば、宅配便などで家まで取りに来てくれることであったり、ネット通販で、お店に行かなくてもモノが買えたりするなど、便利になったり楽になったりすることは、買い手から支持される。

それがお客様都合ではなく、自社都合で効率を追求してしまうことによって、お客様が不便さを強いられるのはよくない。当然、買い手からは支持されない。

かつて、あるファーストフードチェーンのカウンターから、商品のメニュー表がなくなった。そしてメニューの掲示は、カウンター後方の壁にある、大きなポスターだけとなった。

それはどういうことかというと、お客様がカウンターに着いてから商品を選ぶのではなく、並んでいる最中に、カウンターの後方の壁にあるメニューポスターから、商品を選ばせるようにさせることだった。

その意図は、カウンターでの接客時間の短縮を図るものだった。接客時間が短縮されれば回転率が上がり、多くのお客様に商品を買ってもらえるようになる。

そして店員は、注文を受けてから、1分以内で商品を提供しなければならなくなった。

もちろん、お客様にとって待たされる時間は短いほうがよい。しかし、そのオペレーションの変更によって、メニューのないカウンターで、後方の壁を見ながら、メニューを選ぶ——これまでとは違う、慣れない買い方の負担をお客様に強いた。

一方で現場も、1分間以内で商品を提供することに追われた。「1分以内で提供しなければ、全額お金をいただきません」というキャンペーンのおまけまで付いて実施されたからだ。

そのあと、このキャンペーンは不評のまま、あえなく終了した。そして、その頃から、この企業の凋落が始まった。

この「お客様に1分間以内で商品を提供できない場合、全額返金をする」というキャンペーンを企画した当時の経営者は、始める前にこのように語っていた。

「接客時間が短縮すれば、もっと利益が出る」

お客様のため、と言いながら、いつの間にか自社の都合を押して付けてしまう。よくあることだ。利益追求は悪いことではないが、はたしてお客様にとって、ありがたいことなのかどうかは、一歩引いてよくよく検討してほしい。

さて、K社の場合、効率的にやろうとすることは、1つ目の、長らく行ってきた業務用資材の製造と販売事業である。そして、手間がかかると感じていることは、3つ目の、新しく問い合わせのあった特殊な業務用資材の製造と販売事業だった。

もちろん、K社長は、効率性を追求してきた1つ目の事業が、すでに厳しいことは理解していた。それは気づかざるを得ない。赤字となり、如実に結果に現れていたからだ。

しかし、多くの会社の場合、事業の業績が右肩下がりに落ちつつあっても、赤字でなければ、まだいける、まだ勝てると思って、設備投資をする。そして効率性の追求、すなわちコスト低減に走ろうとする。そんなときに、経営者は他の新しい芽に目を向けることができるのだろうか？

K社長もまた、新しい芽（ニーズ）には気づいたのだが、それほど注視しなかった。それは、これまで多額の投資をしてきた設備などを脇に追いやり、時代を逆行するような古い設備で、熟練技を使ったものづくりなんて、手間のかかる面倒なことはやりたくないと思ったからだ。

人は誰しもがそうであるように、昔は当たり前のようにやってきたことでも、楽や便利さを覚えると、もう逆戻りできない。だから抵抗するのだ。手間のかかる取り組みに。

そして、商売を効率的にやろうとすることに一生懸命になり、手間がかかると感じている取組みを避けようとする。ここに儲かるポイントとの「ズレ」が生じる。

手間がかかると言っても、何もこれまでやってこなかった新しいことを始めようというのではない。むしろ、これまで会社の取り組んできたことを改めて見つめ直し、そこに新しい価値を見出して取り組もうとすることだ。

今一度、自社の価値を掘り下げてほしい。宝の山が眠っているかもしれないからだ。その足元の宝の山を放っておいて、よくわからない他の山へ出かけていっても、その山にそもそもいた競合に、早晩やられてしまうのが関の山だ。

もし出かけていくのであれば、よく調べて、勝てる仮説をつくってからでも、遅くはない。もちろんタイミングよくチャンスをつかむことは大切だ。

しかし、チャンスがつかめたからといって、勝てるものではない。

自社が本当に、そのチャンスを自分たちの力でものにすることができるのかどうか、その見極めが大切だ。

そのためにも、改めて自社の価値を掘り下げてみてはいかがだろうか。

何度もお伝えしているが効率的にやろうとすることが悪いことではない。ただ、あなたが小さなメーカーの経営者なら、K社のように手間がかかることに、もしかしたら利益を生み出すチャンスがあるかもしれない。

そのことに今一度目を向けてみてもよいのではないだろうか。

【ポイント2】
あなたが提供していることと、お客さんが望んでいることとの「ズレ」

経営者が外せない「〇〇〇〇」とは何か

「あなたが提供していることと、お客さんが望んでいることとの『ズレ』」。この2つ目のポイントは、誰しもが陥る。

「売れると思ってつくってみたが、まったく売れなかった」という経験がない経営者はいないのではないか。

なぜ、この「ズレ」が生じるのか。それは、結論から言えば簡単なのだが、徹底的な「顧客理解」が足りないからだ。できる限り顧客の目線や立場に立てるかどうか、なのだが、これが簡単なようで難しい。

なぜか。

その理由は、どれだけ努力しても買い手や顧客にはなれない。個人レベルで考えると当たり前のことだが、目の前の人のことを理解しようと言ったって、相手と同じ人になれるわけではない。

だからどこまでいったって、自分の中での想像の世界でしかないのだ。それは仕方がない。

しかし、その想像の世界を、できるだけリアリティ（現実的な）のあるものにしていくことはできる。

リアリティある想像の世界について具体的に何を考えるかというと、ターゲットにする買い手や顧客はどういう人で、彼らはどんなニーズを持っているのかである。

例えば、望んでいることや、欲しいもの、不安に思っていることや困っていることは何か、を考えるのである。

これを「顧客理解」と呼ぶ。

これまで多くの企業をコンサルティングする中で、この「顧客理解」を徹底的にしてきた経験を持つ経営者はそう多くいない。

ではなぜ、その徹底的な「顧客理解」をしたがらないのか。

その理由は、いくつか考えられるが、その1つには、やり方や進め方が具体的にわからないことが挙げられる。

しかし実は、そのやり方や進め方を知っていてもやらない理由がある。

それは、一言で言えば、「面倒くさい」からだ。

そんなことは「面倒でやりたくない」というのが、これまで多くの企業を見てきて感じる、経営者の本音である。

「顧客の理解？　面倒だな」

コンサルティングで必ずこのことは分析していくのだが、口には出さないが、表情から、そのように考えているのがわかる。

「そんなことはいいから、早く商品コンセプトを考えて、どうやって売っていったらいいか、教えてくれ」

そのように思っていることが伝わってくる。

また、このような相談もよくくる。

「2か月後に新しい製品を売り出すんだけど、お宅で、コンセプトとかネーミングとか考えてもらって、ついでにどう売っていったらいいか教えてくれない？」

どうやら、もう製品ができあがってしまっているようである。

まず、モノをつくってしまう。それから考えるのだ、コンセプトやネーミング、そして売り方を。

もちろんその経営者なりの「顧客理解」はあるのだろう。この製品は売れる！という自信とともに。


それにしても、この「面倒くさい」問題で、一番厄介なことは何か。

それは、「この製品は売れる！」という経営者の「思い込み」である。

これが一番厄介だ。コンサルティングをやっていても、この「思い込み」を外すことは容易ではない。

その業界や市場の中で、長年やってきた自負がある。

もちろんプロとしての我々の意見は聞くものの、自分にとって都合のよいことは聞き入れ、あまり都合のよくないことは聞き入れたくない。そのような心理が働くことが往々にしてある。

そりゃうまくいっていれば、誰も文句は言わない。勝てば官軍、その通りだ。

しかし、どんな企業だって、ずっと勝って官軍でい続けられるわけではない。負け始めたとき、いや勝っているときでさえも、冷静になって改めて客観的に、俯瞰して、自社や商品を見つめ直すことができるだろうか。

「売り方」の前に「売る物」が大事な理由とは

「その製品は売れる!」という経営者の「思い込み」で進めていくと、多くの場合が、思ったように売れない。

しかし、ここであきらめるような経営者はいない。

「製品はいいものだ、そのことには自信がある。だから売り方が悪いのだ。そうだ、だから売れないのだ。じゃあ広告だ、営業だ、いやウェブプロモーションだ」と言って、少なくないお金を売り方に投資する。だが、残念ながら売れない。多くのお金と時間を浪費して、初めてそのことを理解する。そして、やがてその自信も失う。

ここでいう「売り方」とは、「いわゆるプロモーション、広告や販売促進、ウェブプロモーション、また営業など、できあがった商品やサービスを、どのように売っていくか」ということだ。

それに対する概念として、「売る物」がある。これは、商品やサービスなど、売り出していくモノそのものをいう。この「売る物」と「売り方」の2つをもって、売上が上がっていくことにつながっていく。

「そう、そんなことはわかっている、そりゃそうだ、マーケティングなんて難しい横文字使わなくたって、この2つによって売上がつくられることはわかる」

そんな声が聞こえてくる。

しかし、ここからが問題なのだが、力を入れる順番が違っていやしないだろうか。

もちろん、「売る物」をつくって「売り方」を考えることは、どんな企業だってやっているだろう、物事の進め方としては。

しかし、なぜ売ろうと思う物を、「売れるモノ（これまでお伝えしてきた、いわゆる「カテゴリーキラー」）」にまず仕立てあげた上で、「売り方」を考えないのだろうか。

どれだけ「売り方」に力を入れて、どれだけお金をかけても、買い手にとって、いらないモノは買わない。よって売れない。

正直申し上げて、ほとんどの経営者が、ここの理解が足らない。

またこのように言う方もいる。

「この商品（またはサービス）を使ってもらえれば、よさがわかってもらえるのに」

「この食品は食べてもらえれば、美味しさがわかってもらえるのに」

もしかしたら、それらの商品やサービス、食品の内容や中身はいいものなのだろう。

しかし、「売れるモノ」に仕立てていないがために、使ってくれもしないし、食べてくれもしない。

私は、そのような中身のよい商品やサービスに出会うたびに、「もったいないなぁ」と感じてしまう。

そんなもったいない残念なことが、日本中の企業で起きている。

商品やサービスをつくってしまってから、または売ることに、少なくないお金や時間を使ってしまい、それをもはや取り戻せないことに気づく前に、まずは、「売れるモノ」をつくることに、全力を傾けてほしい。

そのためにも「顧客理解」が必要だ。

それには、時間は多少かかるかもしれないが、お金はかかるものではない。

もちろん、この「売る物」が「売れるモノ」となっていくための、絶対の解はない。

しかし徹底的な「顧客理解」をすることで、「売れる」確率を高めていくことは可能だ。

然るべきターゲットを設定し、そのターゲットのニーズを把握すること。

このことに徹底的に向き合ってほしい。

それでは改めて冒頭のＫ社に登場してもらい、このことについてさらに具体的に述べていく。

真のターゲット顧客を意識できているか？

「今では、つまようじ1本でもマーケティングできる気がします（笑）」

このように明るく語ってくれたのは、冒頭のK社長である（念のためお伝えしておくが、K社は、つまようじの会社ではない）。

コンサルティングが終了した後のインタビューで、次のようにも語ってくれた。

「考えてみると今までは、お客様やお客様になりえる人たちから、会社がどのように見られているかを気にしていませんでした。

そして、これまでは、当社のような業務用資材メーカーの差別化は難しいと思っていました。

それが、具体的な差別化のつくり方や、それを具現化していく手法を教えていただき、より実践的なご指導をいただくことで、真のターゲット顧客をしっかりと意識できるようになったということだと思います」

コンサルタント冥利に尽きる言葉である。

当社ではカテゴリーキラーづくりのノウハウをお伝えし、一緒になって、その企業の成長戦略を描くことで、当社が離れた後でも、その会社自身が主体となって成長していけるように、その思考を根づかせることに重きを置く。

たまに、自らは考えずに丸投げで、「先生が答えをくれるんでしょ」というスタンスで当社に相談に来られる方もいるが、そのような方は、お断りしている。

やはり、自らの頭で汗をかき、真剣になって自社の問題として取り組まなければ、本当の、よい解というものは見つからない。

我々のコンサルティングは、プロジェクトとして期限を切って行うものなので、当社のノウハウややり方を吸収していこうという気概がないと、当社が離れた後、力強く成長していくことができない。

ところで、あなたの会社、事業、もしくは商品、サービスのターゲットについて、あなたは明確に言えるだろうか。意外とぼんやりしていたり、定まっていなかったりして、あまり明確ではないのではないだろうか。

仮に答えられなくても、それはあなたばかりではないので安心してほしい。残念ながら、こういう会社は実に多い。

ゆえにここで、ターゲットを明確にするための、基本的にやるべき順番について述べたい。

顧客分析のノウハウ

それは、まず現在購入してくれている顧客の分析からスタートする。

例えば、ＢｔｏＢ（Business to Business：会社対会社取引）の場合だと、どのような業種や規模、地域など、各個別の顧客について、それらを書き出し、そして共通点を見つけていく。どのような企業が自社と付き合うのか、その傾向を見つけていく。

一方で、ＢｔｏＣ（Business to Consumer：会社対消費者取引）の場合は、消費者としてのお客様の情報を確認していく。例えば、性別や年齢、家族構成など、どのような属性の方が購入しているのか、わかる範囲で分析していく。そして、その共通点はないか、を見出していく。

ＢｔｏＣで難しいのは、メーカーのようにモノが流通する過程で、卸と言われる中間業者や、小売業者をはさむことが多いため、その先の消費者の姿が見えないことだ。

つまり、ＢｔｏＢｔｏＣ（Business to Business to Consumer：会社対会社対消費者取引）である。営業先は、企業なのだが、消費者向けの商品をつくっている場合は、誰が購入しているのか、ということを直接的に情報として蓄積することが難しい。

もちろん、それはＢｔｏＢであっても、間に卸売り業者をはさむ場合は、その先の企業がどこかというのは実態として把握しづらい。

しかし、当然ここであきらめてはいけない。例えば、その中間業者に聞いてみて、どのような企業や消費者が購入しているのかを確認していく。

または、小売店舗のように売り場があるのであれば、どのような人が来店していて、どのような人が、その売り場でウロウロしていて、どのような人がそれらのカテゴリーの商品を購入しているのか、その企業の商品そのものを買っているのか、観察できるとよい。

そのようなことをできる限り行っていく。

一方で、今購入してくれている顧客がいない場合は、どうしたらよいのだろうか。

これは、例えば、新商品の開発や新規事業を立ち上げるときに、これまでの顧客やお客様とは、違ったターゲットに販売することを考えている場合、既存顧客の分析のしようがない。

そうなると事実に基づいた分析はできないため、まずは想像できる範囲で考えるしかない。

例えば、仮にどんな事業をやろうとしているのか、もしくはどんな商品やサービスを開発していくかのアイデアはあるとする。

それがどんな人に喜ばれそうなのか、もしくは買ってほしいのか、ＢｔｏＢの対企業向けであれば、その業種や規模、地域などを、できるだけ具体的に書き出していく。

または、ＢｔｏＣの対消費者向けであれば、消費者の、年齢や性別、家族構成などを考えていく。

想像で構わないので、まずは「いったんターゲットの旗頭を立てる」といった感じだ。

ただもちろん、ここで終わらせてはいけない。「こういう人に売れるだろう」という思い込みで進めてはいけない。

このあと、想像したターゲットの裏づけを取る。裏づけとは、「そのターゲットになる顧客やお客様に該当する属性の人たちに、聞いていく」ということだ。

こういうような事業、こういうような商品があったら、買ってみたいと思うかどうか。

もしくは、「そのような属性が購入するだろう」という裏づけとなる、何かしらのデータがインターネットなどに転がっているかもしれない。そのような情報を丹念に拾っていく。

本当のニーズの見つけ方

さてK社は、どのように真のターゲット顧客、そして確かなニーズをつかんでいったのか、具体的に見ていきたい。

特殊な業務用資材について、問い合わせがあったことを思い出してほしい。

幸運なことに、先方からの要望によって、そのようなニーズがあることがわかり、かつ、お金を払ってくれた。ということは、何も情報がないところから、ターゲットを考えていく必要はない。

この1つのよりどころからスタートする。そして、さらに具体的なターゲット像を膨らませていく。

この問い合わせのあった顧客は、どのような業種で、規模で、どこの地域にある会社なのか。このようなことは、いちいち聞かなくても、その会社のウェブサイトを見れば、だいたいわかる。もちろん、それ以外にも手がかりとなる情報を拾い上げることができるかもしれない。

ただ、この会社の業種や規模、地域などの情報がわかったからといって、その情報だけで、似たような企業を攻めようと早まってはいけない。

この顧客には、何かしらの、その特殊な業務用資材を必要としていた理由、用途、利用シーンなどがある。

それが、その顧客のニーズである。

そうなると確認すべき次のことは、「その顧客が、どのような用途で、どんなシーンで利用するために購入したのか」である。この時点でわかっていればよいし、もしわかっていないとすれば、聞いてみればよい。相手によっては、話したくないことかもしれないし、もしくは面倒くさがられる可能性もあるかもしれないが、それも含めて改めて接触を試みるしかない。

幸運にも、そのK社の顧客は、それらについて快く答えてくれた。

ただ、そういったインタビューも、できれば表層的な、アンケート的な問答で終わらせてはよろしくない。

例えば、「なぜなのか」という聞き方を繰り返すことで、本当の理由や、きっかけなど、もしかしたら、その会社の顕在的なニーズのみならず、潜在的に思っていたニーズ、またはこれからの要望なども聞き出せるともっとよい。

このようなインタビューを、専門用語では「デプスインタビュー」といって、深層心理への聞き取り調査とも呼んだりする。いずれにせよ、できるだけ深く聞き出すことである。

アンケートによるニーズの確認方法は、基本的には定量的なデータを獲得するための調査手法だ。しかし、アンケートはどちらかというと、デプスインタビューなどによる定性調査によって、ニーズなどの仮説をいくつか検討した上で、よりその仮説を確実なものとするために、定量的に、つまり数字によって裏づけを取るためのものであったりする。

最近ではインターネットなどで気軽にできるアンケート調査があるが、いきなり、それを使って何かの数字を取ろうと思っても、肝心な確認すべきニーズがわからないのに調べてもあまり意味をなさないことも多い。

ではこのインタビューで、K社はターゲット顧客が見えてきたのか。

それが実に見えてきたのだ。

深堀りした先に見えてきたものとは

どういうことかというと、その顧客が特殊な業務用資材を頼んだ理由や用途を聞き出していくと、その顧客と業種や規模が異なる他の企業にも、そのような困り事が存在するだろうことは、容易に想像できた。

つまり、１社からのニーズをつかむことによって、逆算的にターゲット像を描くことができるのだ。

さらには、「もっとこんな風になればよいのに」という要望があった。

それを聞いたK社長は、心の中で小躍りした。

それは、K社が仕入れている、ある材料を用いれば、実現可能性の高い製品となりえることが見えたからだ。

「なるほど、この顧客は例の資材を、ただ単にその用途のみで使用しているだけではない。あの材料を使うことで、顧客にとっても、もっとメリットが出せるぞ！」

K社長は、有意義なインタビューができたことを喜んだ。

そうしてK社は理想的なターゲット像を描いた。また困っていることや、求めているいることなどのニーズもわかった。これで「顧客理解」終わり、ではない。

徹底的な「顧客理解」とあったように、「徹底的な」という意味は、さらに、そのターゲット像とされる、他の企業にも聞きにいくということである。

本当に、そのニーズがあるのかないのか、これを友人や知人のツテなどを頼りながら、できる範囲でアプローチしてインタビューする。

もちろんインタビュー数は、多ければ多いほどよいが、キリがないので、ある程度の確信を得られれば、それでよい。


こうしてK社長は、インタビューを繰り返していくうちに、真のターゲット顧客、そして真のニーズがわかり、この事業はいけるのではないか、と思えるようになっていった。

これがまさに深掘りした先に見えてきた「真のターゲット」、「真のニーズ」である。

もちろん、何でもやってみるまでわからない。どんなに調査しても、どんなにインタビューしても、商品を販売してみると、あまり反応がないこともあって、がっかりすることもある。

しかし、このような「顧客理解」があるおかげで、どのような点が評価され、どのような点がうまくいかなかったのかを振り返ることができる。そうして、評価された点をより強め、うまくいかなかった点を改善する。

その繰り返しによって、顧客にとって本当に役に立つ商品、サービスになりえていく。

あなたが提供していることと、お客さんが望んでいることとの一致を試みよう！

「いきなり商品を売り出して、何もよりどころのない状態で、暗闇の中を、文字通り闇雲に突っ走る方法」と「少なくとも手には懐中電灯を持ち、行く先を少しでも照らしながら歩みを進めていく方法」のどちらを選択するかは、あなた次第である。

前述したとおり、やってみるまではわからない。よりどころなんてなくても、いきなりやってみてから、改善を繰り返していく手だってある。

その場合は、会社にとって致命傷にならない程度のリスクでやってほしい。立ち上がれないほどの傷を負ってからでは、やり直しもきかない。

さて、本章では、「あなたが提供していることと、お客さんが望んでいることとの『ズレ』」についてお伝えした。あなたが提供していることと、お客さんが望んでいることとの一致をできる限り試みること。

それには、徹底的な「顧客理解」が必要なことをお伝えしてきた。

ご自身が提供したいもの、それは商品でもサービスでもよいが、それらを世の中に、お客様に届けたいという想いは大切だ。

何も、顧客の望むことだけを叶えるような、ある意味で主体性のないただの御用聞き的なビジネスをやっていても、お金にはなるかもしれないが面白くないだろう。

「こういうのが世の中やお客様には必要なんだ」と思えるような商品やサービスを熱をもって生み出し、提供していくことこそ、経営者としての本当のやりがいなのだと思う。

しかし、そのやりがいをぜひとも空振りに終わらせずに、提供したいことと、お客さんが望んでいることとの一致をできるだけ図りながら、お互いに喜べるようなビジネスにしてほしいと切に願う。

次の章は、３つ目のポイントである、「あなたが伝えていることと、お客さんに認識されていることとの『ズレ』」をお伝えしていきたい。

このポイントも実に大切なのだが、やはり気づかないうちに、その「ズレ」が起きてしまっていることが多いため、丁寧に確認していただきたい。

さて最後に、この章をK社長のコメントで締めくくることにする。

「当社の、この特殊な業務用資材に使っている材料は、一般の材料に比べて優れている点があります。

このことによって顧客の用途を満たすのみならず、新たなるメリットがあることも、この製品のよさであると再認識しました。

ここは非常に大きな学びのポイントでして、当社のこの製品を使ってくださるターゲット企業の属性をしっかりと考えるようになれたのです。ご指導いただいた『顧客理解』について検証を行った結果でした。

今までは、これまで販売していた一般的な業務用資材が必要とされる、限られた業界のみを見て営業活動を行っていたのですが、新たなメリットにまで目を向けると、ターゲットが広がり、さらには当社の製品を本当に必要としているターゲットも見えてきました。すると、その製品のよさを伝える際の視点も変化してきたのです。

この視点を持てたことは、自社の製品とターゲット顧客を結びつける上で、何より価値があったと感じます。

そのあと、指導内容をもとに、ターゲット属性を明らかにして、製品を打ち出していったのです。例えば、自社のホームページやインターネットを使った施策です。

そのような施策をただ形として実施することは簡単ですが、結果を出すためにはターゲットとニーズを創造していくこと、そしてそこに十分に時間をかけて検証していくことがとても重要で、大変なのだと改めて感じました」

【ポイント3】
あなたが伝えていることと、お客さんに認識されていることとの「ズレ」

自ら、売上が上がるチャンスを逃していないか?

今さら「伝える」ことの重要性をここで論じても仕方がない。

そんなことは百も承知だ、と言われかねない。

しかしながら、本章のタイトルにもあるように、「あなたが伝えていることと、お客さんに認識されていることとの『ズレ』」は生じていないだろうか。

つまり、伝えることはしていても、それが相手に本当に伝わっているかどうか、あなたはその点について自信を持ってイエスと答えることができるだろうか。

そしてビジネスでは、その「ズレ」が生じるがゆえに、多くの売上が上がるチャンスを失っている、と言われたら……?

あなたはこれまで、個人としてこんな経験はないだろうか。

「自分としては一生懸命伝えていたつもりだったのだが、伝わらなかった」とか「違った意味合いにとらえられてしまった」とか。

それは、言葉足らずだったのかもしれないし、相手への伝え方が間違っていたのかもしれない。

相手に物事を伝える難しさに、同意する人は多いと思う。伝えることで「人を動かす」となればなおさらだ。思ったように人が動いてくれないという経験をお持ちの方も多いに違いない。

伝える内容そのものはもちろんのこと、伝え方も含めて、「伝える」ということが日々の生活の中で重要なことでありながら、うまくできていると胸を張って言える人も少ないのではないだろうか。

物事を論理的に伝える難しさもあるだろうし、また人には感情もあるため、感情的な部分にも気をつけないと、同じ内容を伝えても、伝わり方が違ってしまう。

そして、「伝える」と言ったって、話すことだけではない。文字によって伝えたり、写真やイラストといった絵などの見た目での伝え方もある。

個人の日常生活においては、親しい人との間で話しながらであれば、言葉足らずであっても、それで済むことも多いだろうし、間違っていたら謝って訂正すれば取り返しもきく。

しかし、特にビジネスの場面ではそういうわけにはいかないだろう。例えば、お客さんになりえるだろう見込客に対して何か伝えていく場合、言葉足らずであったり、間違って伝えていたら、その時点で付き合いすら始まらない。

さらに、一方的に伝えなければいけない環境の場合、相手が理解できたかどうかを確認することができない。特に見込客に広告を打つなどはそうだろう。


「伝える」というのは、伝える側の問題もあるが、伝わる側である相手次第でもある。それは、相手側の置かれた環境や経験などが違うことから、言葉ひとつとっても、解釈の仕方が異なる場合がある。

また、日本語の難しさもあるだろう。例えば話す場合に、同じ「音」の言葉でも、漢字が違うものがある（例えば、「機械」と「機会」とか、「意外」と「以外」とか）。

そして、英語のカタカナ表記も、その意味のとらえ方を難しくする（例えば、マーケティングとかコミュニケーションとか）。日本人は横文字が好きなので、英語をそのままカタカナに変換させて使うのだが、その意味のとらえ方も人それぞれであることが多い。

それでも「伝える」、いや相手に「伝わる」努力をしなければ、せっかくよい商品やサービスであっても、宝の持ち腐れになってしまう。

そのように考えれば、その「伝えていること」と「お客さんに認識されていること」との「ズレ」をなるべく小さいものとすることに手を抜いてはいけない。

「伝える」ために大切な「〇」と「〇」とは

ところで、「伝えていること」と「お客さんに認識されていること」との「ズレ」をなるべく小さいものとすることと書いたが、そもそも伝えることを、ほとんど行っていない企業も多く見かける。

例えば、何かの製造を請け負ったりする受託企業は、ホームページがないところもあれば、あったとしても会社概要が掲載されている程度のものが多い。

もちろん、これまでは自社について伝える努力をする必要はなかったのかもしれない。待っていても、もしくは営業に行けば、これまでのお付き合いで仕事が取れていたからだ。

しかし、発注側の依頼量が減ったり、もしくはなくなったりしてしまうと、途端に困ってしまうことになる。


また、自分としては伝えているつもりでも、ターゲットにしたい相手にそもそも認識されていない場合もある。伝えている内容がまったく届いていないのだ。

さらに、相手に伝えており、そのことは相手も認識しているのだが、伝えたいことが実態として認識されていることと違ってしまっていることもある。

これがまさに「伝えていること」と「お客さんに認識されていること」との「ズレ」でもあるのだが、努力空しく、これもまた残念なことだ。

ターゲットとして設定した、伝えている相手が、そもそも間違っている場合や、相手にとってメリットにならないことを、ただいたずらに伝えている場合など、挙げればキリがないほど、「伝える」という行為は、改めて慎重に考えねばならない。

ではいったいどのようにして「伝える」という行為をビジネスの中で、特に、顧客や買い手に対し、「伝わる」ようにすることができるのか。

それには、「伝える」という行為を、「質」と「量」で分けることで、具体的にとらえることができるだろう。


まず「質」とは何か。

それは「伝える内容そのものや、そして伝え方、つまり表現の仕方」である。

伝える内容そのもの、とは、前章のポイント、「あなたが提供していることと、お客さんが望んでいることとの『ズレ』」を一致させた「売れるモノ」である。

つまり、あなたの商品やサービスなど「売る物」そのもののことで、それ自体が、ターゲットである顧客や買い手にとって必要と感じられる、ニーズのあるものでないと、買われないことは、前の章で述べたとおりである。

ここでK社長のコメントを振り返ってみよう。

「ターゲット属性を明らかにして、製品を打ち出していったのです。例えば、自社のホームページやインターネットを使った施策です。

そのような施策をただ形として実施することは簡単ですが、結果を出すためにはターゲットとニーズを創造していくこと、そしてそこに十分に時間をかけて検証していくことがとても重要で、大変なのだと改めて感じました」

このことからも、伝える内容そのものが重要であることが理解いただけるだろうか。

そして、「伝える」という行為の「質」においてもう1つ。

それは、伝え方、表現の仕方だ。

例えば、商品やサービスのネーミング、また写真や絵といったビジュアルなどである。

つまり、その商品やサービスが魅力的に、顧客や買い手に対し伝わっているかどうかが大切だ（この表現をいかに魅力的にするかは、自著『本当に儲かるスーパーブランディング（セルバ出版）』にも詳しく説明しているので参考にしてほしい）。

また商品パッケージやパンフレット、ウェブサイトなど、目に入ってくるものすべてが、その商品やサービスのよさを最大限に伝えていく行為として、1つずつ魅力的に表現していかなければならない。

商品やサービスの中身に自信がある方は、なおさらここに力を入れるべきだ。

「この商品（またはサービス）を使ってもらえれば、よさがわかってもらえるのに」

「この食品は食べてもらえれば、美味しさがわかってもらえるのに」

このような悩みを持つ経営者は多い。ぜひこの魅力的に伝えることの大切さを認識してほしい。そうやって「売れるモノ」ができあがるのだ。

顧客や買い手と接点になりえる「媒体物」の重要性

一方で、「伝える」という行為としての、「量」とは何だろうか。

「量」の1つには、顧客や買い手との接点になりえる何かしらの「媒体物」を持つことが重要だ。

例えば、ウェブサイトやパンフレット、今であれば、ＳＮＳや動画など、顧客の目に触れるものが挙げられるだろう。

もちろんやたらに、媒体物を増やせばよいということではない。キリがない。


ただ、この目に触れる媒体物という存在の大切さから考えると、ウェブサイトやパンフレットは当たり前のようにどの会社にもありそうなものだが、意外とそのウェブサイトには、「売る物」の情報がしっかりと掲載されていなかったり、パンフレット自体もなかったりする場合もあるから驚きだ。

ＢｔｏＢビジネスにおいて、営業マンの口頭によるプレゼンテーションや、セールストークに磨きをかけることはとても大切なことだ。

しかし、それらを補完するツールとしても、しっかりとパンフレットは準備すべきだし、ウェブサイトにも情報を掲載しておくべきだ。

この理由は、必ずしも営業マンの商談相手が、決裁者でないことが挙げられる。

つまり、その商談相手である担当者は、決裁者の上司に取引の決裁を相談する。

そのときに、その会社や商品のよさを、その担当者が、営業マンと同じように口頭ですべて語ることができるとは限らない。

そう考えると、営業マンが担当者に伝えたことを代弁してくれるパンフレットは必須だろうし、また、おそらくどんな会社かとウェブサイトも確認されることを考えれば、そこにもパンフレット以上の情報をしっかりと掲載しておく必要がある。

このように考えれば、いかに顧客接点となる媒体物を準備しておくことが大切かわかるだろう。

さらに言えば、パンフレットやウェブサイトのみならず、情報を発信していく媒体物として、ダイレクトメールなどの郵送物もある。また、メールマガジンやブログ、フェイスブックなどのようなＳＮＳを介した媒体物によって、顧客接点を複数持つことは現代のネット時代では、ほぼ無料でできる。

もちろん、テレビ、新聞、雑誌、ラジオといった４マス媒体への広告も考えられるが、費用もそれなりにかかることから、慎重に選択しなければならない。

このようにいろいろと媒体物を書き出していっても、自社にとって、どんな媒体物が結局、有効なのかを考えないと意味がない。

ではどのようにして考えるのだろうか。

それには、前章で見た「真のターゲット顧客を意識できているか?」(p64)が役に立つ。そのターゲット顧客は、日々何から情報を取っているのだろうか? そして日々どんな行動を取るのだろうか?

このことから、どの媒体物に自社についての情報を載せていくとよいかを考えていくヒントになるだろう。

例えば、業務用資材など、BtoBにおける材料や製品などであれば、その業界新聞は読むかもしれないし、またそのターゲット顧客が来る展示会に出展することも有効だろう。

一方で、BtoC向けのビジネスの場合、そのターゲット層によって、それぞれ好んで見る媒体物も変わる。例えば、ユーチューブやインスタグラム、フェイスブックなどSNSのネット媒体の他、テレビ、雑誌、新聞、ラジオなどある。

しかし、ただ単にユーチューブやインスタグラムが流行っているからといって、手を出しても、そのターゲット顧客が見ているとは限らない。

例えば、高齢者向け商材の場合、新聞で全面広告を出していたり、また車によく乗ったりするような地方の場合は、ラジオが日常的な情報を収集する媒体物になっていたりする。

そして、飲食業やクリニックなどのサービス業の場合、看板という媒体物が大きな役割を持つ。


面白かったのが、かつてグーグルが、オフィス街でグーグル広告のキャンペーンチラシを、ポスティング（郵便箱へのチラシの投げ入れ）していたことだ。グーグルというネット企業の頂点に立つような企業であれば、自身のグーグル広告で、グーグル広告へ出稿したい顧客を、ネットの中で獲得できそうなものである。

しかし、ネット内ですべてのターゲット顧客を獲得し尽くしたのだろうか。それとも、やはりネットの中だけでは、獲得したいターゲット顧客に情報が届けられないのだろうか。

いずれにせよ、そんな巨大企業でも、さまざまな接点を持つように試行錯誤している。

あきらめずにやり切る人が、生き残る

さて、もう1つ、「伝える」という行為において、「量」という視点から考えると、情報発信の頻度も重要だ。

たまにウェブサイトでも、何年も更新されていないニュース欄があるが、これはやはり訪問した見込客にとってあまりよい印象を与えない。それはまるで活動していない、やる気のない会社のような印象を与えてしまうからだ。

もし更新しないのであれば、そのようなニュース欄は削除すべきである。

ダイレクトメールやメールマガジン、またブログやSNSなど、できる範囲で小まめに情報発信していくことで、既存顧客や、また見込客との接触回数を増やす

ことにもつながる。

それは、「単純接触効果」といって、繰り返し接すると好意度や印象が高まる効果がある、とも言われるからだ。ただ、うっとうしがられる可能性もあるため、やり過ぎはよくないが、継続的に、コツコツと続けることは大切だ。

当社の顧問をしていただいている会計事務所は、30年以上にわたって増収増益を続け、今や社員２００名以上、顧問先２０００社を超えている都内でも有数の会計事務所だ。

その会計事務所の所長が、ユニークな取組みを何十年と続けている。

それは毎月Ａ４サイズの紙１枚に書かれた「汚い字シリーズ」というもので、つまりは手書きで書いたニュースレターである。

内容は、顧問先に役に立つ内容なのだが、これがまた手書きで書かれているため、なんとも味があってよい（お世辞にも字がキレイとは言えないが、一生懸命さといった人柄がとても伝わってくる）。

このようなデジタルな時代だからこそ、手書きが目新しく感じる。そのようなニュースレターを何十年も続けているのだから、本当に凄い。できそうでできないからこそ、その積み重ねに一貫性を感じ、信頼を得るのだと思う。

ブログでもメールマガジンでも、やはり継続は力なりで続けることが重要だが、いっときは何かで効果があると知って始めてみたものの、数か月したら飽きてしまうか面倒になって、途中でやめてしまいがちである。

もちろん効果が感じられなければ、やめてしまうのは構わないが、すぐに効果が出ない場合もあるので、無理のない範囲で頑張るしかない。

営業行為においても、よく言われるように訪問回数や商談回数の多い営業マンが、やはり売上も上げていたりする。

最後は、あきらめずにやり切る人が、生き残る。


さて、ここまで「伝える」という行為において、「質」と「量」を書いてきた。

あなたは、その両方において、どれだけできているだろうか。

順番としては、やはり「質」を高めることに注力してから、「量」を増やしていくことを考えていくとよい。

それではK社はどうやったのか、その実例を見ていくことにしよう。

とりあえず、やるだけのことはやってみる勇気

K社は、さぞかしさまざまな施策を打ってきたと思われるかもしれない。

実はそれが違うのだ。

もちろん当社としては、色々とK社がやれること、やるべきことをK社長にお伝えした。

K社長にしたって、そう簡単に顧客開拓ができると思っていなかった。また売上が上がるまで、どれだけお金や時間がかかるのだろうかと、そんな不安を抱えながら、この「伝える」というセッションを終えた。コンサルティングも残すところ、あとわずかしかない。

しかし、そのとき最低限やるべきことをやろうと心に決めていたのだと思う。

K社長は、帰ってから早速行動を起こした。

これまでまとめてきた、「カテゴリーブランド戦略方針書（当社では、コンサルティングで指導してきた内容をまとめたものをそう呼んでいる）」の内容をベースに、外部のウェブサイト制作会社へ、今回、「売る物」、つまり「カテゴリーキラー」として考えた、特殊な業務用資材製品についてのウェブサイトを制作する依頼をした。

ウェブサイト制作も、あまり費用をかけることなく、とにかくできあがりのスピードを重視し、デザイン性にはこだわらないシンプルな内容にした。

そして、テスト的にウェブプロモーションも実施した。

これだけだ。

とりあえずこれだけやってみた。

それからしばらくして、K社長から私へ連絡が入った。

「次回のコンサルティングですが、日を改めてもらえますか？　実は注文がどんどん増えて、私も現場に入らないと工場がパンクしてしまうんです」

最初の章にも書いたとおりの結果となったのだ。

後のインタビューにK社長はこう答えた。

「指導内容を集客に活かした途端に成果が現れました。新しい視点で、ターゲットにした企業に、自社製品が見事に受け入れられたのです。

このスピード感には驚きました」

その勢いは数か月経っても止まらず、さらに注文に対して供給も追いつかず、機械はすべて稼働しっぱなしの状態になったのだ。

そのため、ホームページでも、いったんは注文を休止せざるを得なくなり、お客様を待たせざるを得ない状態になった。

何がそれほどまでに功を奏したのだろうか。

「伝える」という行為の「質」と「量」で分けてみると、こんな分析ができる。

まず、「質」においては、内容そのものにだいぶ時間をかけた。これまで見てきたように、徹底的な「顧客理解」をもとに、「売る物」から「売れるモノ」つまり「カテゴリーキラー」へと仕立て上げた。

一方で、「量」においては、媒体物はウェブサイトの制作と、少しだけウェブプロモーションを行っただけだ。

そこにはその製品を必要としていた人たちがいた。ニーズは顕在化していたのだ。

しかし、彼らがインターネットで探し回っても、そのような製品をつくっているところがなかったのか、あったとしても見つけられなかったのか、そのどちらかなのだろう。

そこに突如として、その顕在化されたニーズを満たす、特殊な業務用資材製品を扱っているウェブサイトが現れた。その時点では、同業の会社は大企業も含めていくつかあったが、K社と同様の製品を扱っているところはなかった。

その結果注文が殺到したのだ。

いかがだろう。

「あなたが伝えていることと、お客さんに認識されていることとの『ズレ』」が生じている。それをできるだけ小さいものにしていき、一致を図っていくこと。

もともとK社のウェブサイトは古く、会社概要と一般的な業務用資材製品の取り扱いの情報程度だった。これが伝えていることのすべてだった。もちろん、そこには特殊な業務用資材製品の案内もなかった。

そして当然、お客さんに実態として認識されていることは、会社概要と一般的な業務用資材製品についてのみに過ぎない。

仮に、申し訳程度に、もともとあったウェブサイトに、特殊な業務用資材製品の取り扱いについて掲載していたとしても、あまり認識されずに、あふれんばかりの注文を取ることはできなかっただろう。

このことが、まさに伝えているつもりであっても、実態として認識されてない、もしくは認識されているとしても、伝えたいこととは「ズレ」ている、ということだ。だから、注文や問い合わせをもらう行動を促すためにも、実態として認識させることを意識して、「伝える」という行為をしっかりと設計しなければならない。

つまり、中身のある内容を、しかるべき媒体物（今回の場合は、ウェブサイト）で、伝えていかなければならない。

もしウェブサイトはつくらずに、パンフレットのみを制作した場合、営業マンやダイレクトメールなどでの郵送による告知はできるだろう。

それはそれで重要なことではあるが、残念ながらニーズの顕在化された見込客がインターネットで探している場合には、パンフレットだけでは事足りない。ウェブサイトという媒体物をつくる必要がある。

情報を届けるための媒体物の種類もまた、それが「ズレ」たものであれば、伝えているつもりであっても、実態として認識されていないことになってしまう。

つまり、「伝える」という行為の「質」と「量」、いずれにおいても、意識的に、お客さんに実態として認識されるよう、設計する必要があるのだ。

さて、ここまでが、3つ目のポイント、「あなたが伝えていることと、お客さんに認識されていることとの『ズレ』」について伝えてきた。

最終章では、「真のニーズを掘り下げると同時に、城壁を築き、独自の市場をつくれ！」という内容をお伝えする。

一過性の受注や注文に終わらせないためにも、これからどのようにして継続的なビジネスを構築していくのか、そのことを伝えていきたい。

真のニーズを掘り下げると同時に、
城壁を築き、独自の市場をつくれ！

カテゴリキラーを1つ、つくれば終わりではない理由とは

K社長は、コンサルティング後のインタビューで、こうも答えてくれた。

「指導後のこの好結果は、場当たり的なものではなく、しっかりとした理論に基づいた成果だと確信しております。ですので、ありがたいことに、これから会社が進むべき道筋が見えてきました。

まずは、このせっかくのお客様からの反響に応えられるような体制づくりを行います。

もちろん社員が、自社の生業である、この業務用資材の事業で仕事のよろこびを得られ、社会にお役立ちできることを目指しての体制づくりです。

そして、今までは首都圏近郊を主に商圏にしてまいりましたが、全国のお客様を見据えて、組織づくりをしてまいります。

また、成長を持続できるビジネスの仕組みづくりや、ブランドづくりを強く指導されましたので、ターゲットの理解をさらに高め、業種別・カテゴリー別の特殊

な業務用資材製品を展開していくことを目指します。

今売れている製品もブラッシュアップして当社を牽引するようなブランドにしていきたいですし、今あるカテゴリーキラー製品から派生させたカテゴリー別の製品も、それぞれを新しい製品群のカテゴリーブランドとして展開していきたいですね。

今回の指導を経て、やりたいこと、やるべきことがたくさん出てきてしまいました（笑）」

ところで、当社のコンサルティングは、これからの力強い成長を持続させるための発火点となるようなカテゴリーキラーを、まずは1つ、つくることを目指すものである。

それは、これまで行ってきた事業にせよ、新しく事業を立ち上げるにせよ、いずれにしても、1つの図太い柱を立てるイメージで、まずは市場や業界で突き抜けるような「売れるモノ」をつくるということである。

「売れるモノ」とは、会社によって、商品であることもあるし、サービスであることもある。さらに言えば、事業そのものをカテゴリーキラーとして立たせるといったことも行う。

これまで見てきたように、そのためには、3つの「ズレ」を丁寧に修正し、一致させることを試みることから始まる。

本書の復習となるが、3つの「ズレ」とは次の通りだ。

①あなたが効率を追求すべきことと、手間をかけるべきこととの「ズレ」
②あなたが提供していることと、お客さんが望んでいることとの「ズレ」
③あなたが伝えていることと、お客さんに認識されていることとの「ズレ」

人によっては、簡単なように聞こえるが、この「ズレ」に気づくこと、そして、修正していくことは案外難しい。

しかし、もし業績が下がりつつあったり、または横ばいの状態が続くようであったりすれば、いったん足を止めて、それぞれの「ズレ」が生じていないかと確認してほしい。

さて、当社のコンサルティングでは、まずは、この突出した「売れるモノ」、すなわち「カテゴリーキラー」をつくることを目標とし、できあがった時点でいったん、そのプロジェクトは終了となる。

K社の場合も、特殊な業務用資材製品を、カテゴリーキラー化するところまで行った（会社によっては、さらにカテゴリーキラーを広めるところまで手伝ったり、別プロジェクトを立ち上げて、継続してお付き合いをしていくところもある）。

顧客が必要とする製品がその会社にしかなければ、多少値段が張っても他に選択の余地はなく、そこから買わざるを得ない。そしてK社も、そのような状態をつくることができた。

そうなると、これまで薄利多売でしか売れなかった一般的な業務用資材製品の販売から、手間はかかるが、その手間賃でさえも軽く吸収してしまうような粗利益率の高い商売が可能となる。

利益率が高まり、利益額も稼げれば、借入金の返済にもつながる。まずは自社をまかなえる市場があれば、大きな売上はいらない。

しかし事業経営は、カテゴリーキラーを1つ、つくればそれで終わりではない。

継続性を持たせていくためには、単品のみの経営では危うい。いずれは競合に追いつかれるかもしれないし、顧客にとってもニーズの変化などにより、要求が変化していく。

そのためには、その商品やサービスの改善はもちろんのこと、次に考えるべきことは商品群やサービス群としての品揃えである。

どの範囲までの群とするかは、その会社や業界、顧客のニーズにもよって変わってくるが、いずれにせよ最低でも3つ以上の品揃えを行っていく。

なぜ3つ以上をすすめるのか?

かつて戦国時代に、武将である毛利元就が、その息子に伝えたという「折れない三本の矢の教え」にあるように、一本の矢よりも三本まとめたほうが折れにくい、と言われる。

またカメラの三脚も三本の脚によって倒れづらいように、3という数字は、その存在を確かなものとし、そして力強いものにしていく。

カテゴリーキラーから派生した3つ以上の商品の品揃え、その商品群のカタマリを、「カテゴリーブランド」と呼ぶ。

「カテゴリーブランド」とは、その業界や市場に、その商品あり、と言わせる存在になったモノということである。これは何も「誰もが知っている商品やサービスになれ」というわけではない。ターゲット顧客に対して、そのような存在になればよいのだ。

そのためにも、その業界や市場のある分野、つまり1つのカテゴリーに特化して、連続的に製品やサービスを投入していくことが大切だ。

たまに、気まぐれなのか飽きたのか、いろいろなカテゴリーに手を出していき、総花的な品揃えで展開している会社も見かける。それでは残念ながら、顧客の記憶に残るカテゴリーブランドにならない。

また「顧客からの色々な要望に応えていくことが、企業姿勢として重要なことだ」と思われているが、一方で、何でも屋になってしまい、既存顧客からはありがたがられるが、見込客からは何屋だかわからなくなってしまっている会社もある。

常に「自社を何屋か問い、何屋として印象づけたいか」ということを意識的に行わなければ、いつの間にか、どこにでもある似たような会社の1つになってしまう。結果として、どこからも選ばれなくなってしまう。

そうならないためにも、これまで何度も伝えてきたように、何かで突出していくことが大事だ。


さて、本章のタイトルに、「真のニーズを掘り下げると同時に、城壁を築き、独自の市場をつくれ！」と書いた。

この城壁を築くことこそが、まさに商品群を生み出すことである。「その業界や市場に、その商品あり」と言わせる存在、つまりはカテゴリーブランドになることで、他社は、その中に入って来づらくなる。

高く厚い壁となって、他社が簡単には突破できなくできるし、さらには、大切にすべきターゲット顧客を、しっかりと囲い込むことにもつながる。

この城壁をイメージして意識的につくりあげることで、独自の市場を生み出し、長期的な経営の安定をもたらしてくれる。

K社もまた、その城壁づくりに向かって歩み始めた。それも鉄壁とも言われるような、厚く固い大きな壁が、そびえ立つようにイメージして。

磨けば光るダイヤモンドになれ！

本書も、そろそろ終わりに近づこうとしている。

ビジネス書は、学びや気づきを得るだけにとどまらず、できれば、次の新しい一歩を期待して書かれている。

本書の一歩とは何か。それは何よりも「売れるモノ」、つまり「カテゴリーキラー」をつくることである。

会社経営は、さまざまな要素から成り立っている。例えば、人事などの組織づくりや会計や財務などの資金面、そして、本書のように、モノをつくって売るような、マーケティングとか販売やセールスと言われる一連の活動もある。

いずれも大切なことだし、ニワトリが先かタマゴが先かというと難しいことだが、やはり会社は、何で継続できているかというと、それは顧客や消費者に商品やサービスが買われるからに他ならない。

かつてある著名な経営学者が、会社の目的は、「顧客創造」だと言った。そんな難しい言葉を使わなくても、要するに、お客様が買いたくなるような商品やサービスをつくり続けるということだ。

もちろん、それは会社によっては技術かもしれないし、ノウハウや仕組みといったものかもしれない。

いずれにせよお客様に価値があると感じられるものでないとならない。

こと会社経営全般となると、いろいろとやることも出てくるから、それぞれに目が向いてしまう。しかし中小企業の経営者がやるべきこととは、やはり商品やサービスづくりを第一義に置くべきだ。それによって、会社は飯を食えているからである。

ぜひとも本書を読んだあなたには、小さなメーカーが生き残っていくための経営術として「独自市場のつくり方」を身につけてほしいと思う。

目の前にあった石の塊が実は磨けば光るダイヤモンドだったように、遠くにビジネスチャンスがあるのではなく、今、目の前にある自らの価値に気づいて、それを金のなる木や、打ち出の小槌のように「金（きん）」を生み出してほしいと願う。

それには、まずは何か行動を1つ起こしてほしい。

本書が、あなたの事業の発展や成長に少しでもお役に立てたのなら、これ以上の幸いはない。

あとがき

本書は、コロナ禍で書かれたものである。

２０２０年4月に緊急事態宣言が発出されて、これまで経験のないような不自由さを、そしてまた不安を、日本人のみならず、また同じようにロックダウンなどによって外出を制限された世界中の人々も感じたに違いない。

もちろんここで、コロナという感染症について、またそれに対応してきた政治などの対応策について論じたいわけではない。

どんな環境下であっても、人間が生き続けたいと願うように、企業もまた、法人という一種の人格を持った生命体であると考えれば、何としてでも生き抜こうという意識が働く。

そのように考えると、「意識」というものが、人間という個人においても、組織という企業においても、とても重要になる。

そして、企業という組織に対して、一番の「意識」が影響するのは、その組織のトップ、経営者の「意識」に他ならない。

組織のトップの「意識」が組織の隅々まで反映されてしまうのだと考えると、どのような「意識」を経営者自らが持つべきかに注意を払わないといけない。

当社は、中堅・中小企業に特化した戦略のプロであり、何を、誰に、どのように売っていくのか、その具体的な指導を行っている。

戦略のプロと言っても、何も大上段に構えて、専門用語で言うところの、いわゆる経営戦略や事業戦略、ＳＷＯＴ分析やら5フォース分析とやらで、分析を行い、「企業として、こうすべし」のような方針を伝えて、「後はよろしくやってね」というような抽象論だけを述べているわけではない。

つまり、本書で述べたところの「売る物」を「売れるモノ」にまで昇華させ、「カテゴリーキラー」として、その「売り方」までの指導も具体的に落とし込まなければ、売上につながっていかない。

しかし、「戦略」にも限界があると考える。

何か素敵な「戦略」が描ければ、売上が上がっていくようにも思えるが、しかしその「戦略」を動かしているのは人であり、組織である。

つまり、どんな素晴らしい「戦略」でも実行されなければ絵に描いた餅に過ぎない。

そう考えると、いかにして経営者はその「組織」づくりに注力するか。

もちろんトップダウンで、兵隊のように「組織」が動くような時代であれば、それもよかったが、そんな時代はとうに過ぎていて、そのようなやり方ではうまくいかなくなってきている。

個人レベルでの仕事の意味や価値、そして戦略の意図や理解、納得など、組織全体というよりも、個々人に寄り添ったコミュニケーションが求められる。

そうして、ようやく前向きに「組織」が「戦略」に基づいて動いていく。

一方で、これまで一生懸命に「組織」づくりにお金と時間を投資してきた企業にも限界が見え始めている。

どういうことかというと、これまで例えば個々人の意識を変えるモチベーションアップなどの研修や、コミュニケーション技術、組織管理の手法や、組織や人事などのコンサルティングもさまざまに行われてきた。

それによって、組織が一丸となって、経営者が決めた戦略に基づいて実行してきた。特に右肩上がりの時代はよかった。もしくは、その戦略がうまくワークしてきた間もよかった。

しかし、どんなに有能な組織であっても、コロナといった未知なる現象が起きると途端に、これまでうまくいっていたはずの戦略が機能しなくなる。

そうなるとどうなるのか。下手にモチベーションが高ければ高いほど、手当たり次第、もしくは行き当たりばったりで、とにかく実行する。

うまくいくこともあるかもしれないが、深く検討された戦略ではないため、成功や失敗の因果がつかめず、長続きせずに組織が迷走し、やがて疲れ果ててしまう。

このようなときこそ、組織のトップである経営者自らが、新しい「戦略」を組み立てていかなければいけない。その戦略とは、今の時代に合った、そして顧客のニーズや競合の環境を踏まえた「売れるモノ」、つまり「売れる」商品やサービス、事業を考えていくということだ。

そして、ここに、経営者の「意志」が問われる。何としてでも「売れるモノ」＝「カテゴリーキラー」をつくりたいという「意志」が問われる。

さらに、その「意志」には、ただやろうと思うだけではなく、「やり切る姿勢」と「やり切る力」が必要となる。

経営者はこの「意志」を持つということを、常日頃、「意識」しているだろうか。この「意志」を持ち続ける「意識」こそが、生き残りをかけた「戦略」づくりに反映され、そして、「組織」にも伝播していく。

当社は、この「意志」を「想い」と呼ぶ。創業来一貫して、当社は、『想い』×『戦略』」というミッションを掲げて、コンサルティングを行ってきた。

「経営者の強い『想い』を『戦略』に変えて喜びを分かち合うこと」

これが、『想い』×『戦略』」というミッションの意味である。

これまで14年間300社以上を見てきた経験から、企業経営の成功・不成功は、この経営者の「想い」1つである、と断言できる。その「想い」がよき「戦略」を生み出すことにつながり、「組織」をも活性化させる。よって当社は、経営者の「想い」を重要視する。

もし強きよい「想い」がある方、ご縁があればお目にかかれれば幸いである。

本書を最後までお読みいただいたことに感謝し、筆を置くこととする。

株式会社ミスターマーケティング　代表コンサルタント　吉田 隆太

〈株式会社ミスターマーケティング・小さなメーカーへの指導実績例〉

【業務用モニター製造】メイン商材のカテゴリーキラー化・6か月で年商2・5倍増【家電製造】カテゴリーキラー商品の創出・目標売上3倍超・全商品完売3か月待ちの大型ヒット・グッドデザイン金賞受賞・発売後10か月で年商2・5倍増【家電製造】不調商品をカテゴリーキラー化し、年間数千台から10万台超に・日経MJ第一面を飾るなどメディアに多数掲載されヒット商品に【食品製造】既存商品のカテゴリーキラー化で売上30倍増・わずか数年で年商5億から10億円に【金型製造】初の商品開発にて世界中で売れるヒット商品を実現・受託事業も価格競争からの脱却に成功・その後医療分野へ進出し好調・著名番組メディアに多数出演・日本ものづくり大賞優秀賞受賞など多数の受賞【紙加工】下請け脱却の自社商品をカテゴリーキラー化・DIYホームセンターショー金賞受賞・売上100倍増・皇室献上商品に【雑貨製造】販売不振だった商品からカテゴリーキラー化し初年度から3万個・2億円超を売る話題の商品に【食品製造】カテゴリーキラー戦略・大口顧客開拓躍進・翌月から売上130％増【飲料水製造】売上2倍増！デザイン本で紹介されるカテゴリーキラー商品に【メーカーWEB通販】カテゴリーキラー戦略でポジシヨニングを確立しブランド展開・リピート率4倍増【食品製造】カテゴリーキラー商品で躍進・リッツカールトン他高級ホテル続々成約【家電製造】調理家電のカテゴリーキラーがヒットし売上5倍増【健康食品通販】カテゴリーキラーのリピート率2倍増・年顧客単価2倍増【建材製造】新商品のカテゴリーキラー化・短期間で見込客5000件獲得・顧客単価1・4倍増【特殊化学品製造】カテゴリーキラー化・展示会マーケティングで有効案件化率2倍増【雑貨企画卸売】新らたにカテゴリーキラー創出・自社イベント販売体制の強化・新規客開拓3倍増【機材商社】新規事業カテゴリーキラー化・新規集客30倍以上増【紙器製造業】新事業領域進出・大手企業見込客開拓の仕組み化【雑貨通販】既存店舗のカテゴリーキラー化・リピート率4倍増【玩具企画開発製造】新商品開発プロジェクト・カテゴリーキラー創出・発売前から予約完売【特殊加工品製造】カテゴリーキラー化で新市場開拓・新規客問い合わせ5倍増 など他多数

※参照・成功事例はインタビュー記事にて公開（https://www.mr-m.co.jp/）

アンケートプレゼント

本書を最後までお読みいただきまして誠にありがとうございます。
よろしければ、アンケートにご協力をお願いいいたします。

アンケートのお礼としまして、「カテゴリーキラーづくり」に関する実践レポートを無料で進呈いたします。

実践レポートは、カテゴリーキラーづくりで成果を上げた企業の実名と具体的な取り組み内容をインタビュー形式でお届けします。本書とあわせてお読みいただくことで、カテゴリーキラーづくりについてより詳しくご理解いただけます。

アンケートにご協力いただける方は、下記のサイトにアクセスのうえご回答をお願いいいたします。

https://www.mr-m.co.jp/s21

対象 アンケートの対象は、この本をお読みになられた、経営者の方に限らせて頂きます。予めご了承ください。

MR.M

株式会社ミスターマーケティング

著者略歴

村松　勝（むらまつ　まさる）

株式会社ミスターマーケティング　代表取締役　代表コンサルタント。

電通グループ企業にて、大手企業各社のダイレクトマーケティングを経験後、2007年に株式会社ミスターマーケティングを創業。主に年商数千万円～50億円規模の会社に対して、「カテゴリーキラーづくり」の指導を行っている。過去14年間で、300社を超える指導を行い、新規事業にて数年で10億円の売上創出。不調商品を売上10倍増へ（3年間で6億円の売上増）、初年度から3万個・2億円以上売れる新商品開発、廃業寸前の店舗の事業再生（年商3倍増）等の多くの実績を上げている。

吉田　隆太（よしだ　りゅうた）

株式会社ミスターマーケティング　取締役　代表コンサルタント。

株式会社ミスミにて新規事業開発、新商品開発などのマーケティングを手掛ける。

退職後、株式会社ミスターマーケティングに創業メンバーとして参画。

サンダーバードアメリカ国際経営大学院経営学修士（ＭＢＡ）、経済産業省 中小企業診断士。

著書
『儲かる10億円ヒット商品をつくる！カテゴリーキラー戦略』（セルバ出版）
『本当に儲かるスーパーブランディング　自然と顧客が増える「シズル開発法」』（セルバ出版）
『年商10億円最速達成の3大ポイント』（セルバ出版）

小さなメーカーが生き残る経営術―独自市場のつくり方―

2021年6月2日　初版発行

著　者　村松　勝 © Masaru Muramatsu
　　　　吉田　隆太 © Ryuta Yoshida

発行人　森　忠順

発行所　株式会社 セルバ出版
〒113-0034
東京都文京区湯島1丁目12番6号 高関ビル5B
☎03（5812）1178　FAX 03（5812）1188
https://seluba.co.jp/

発　売　株式会社 三省堂書店／創英社
〒101-0051
東京都千代田区神田神保町1丁目1番地
☎03（3291）2295　FAX 03（3292）7687

印刷・製本　株式会社丸井工文社

Printed in JAPAN
ISBN978-4-86367-662-6